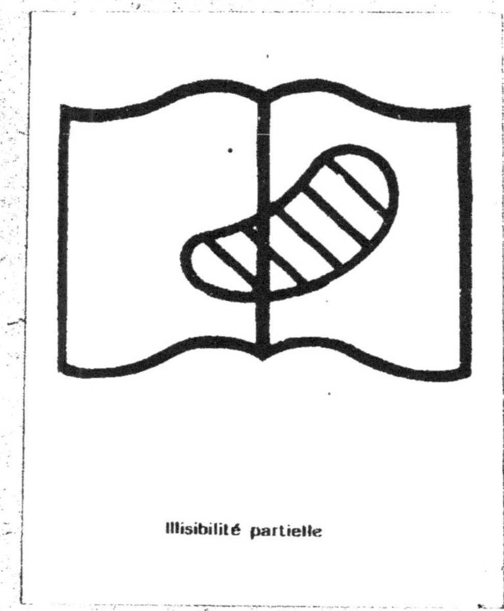

Valable pour tout ou partie
du document reproduit

RAPPORT

SUR LE CONCOURS RELATIF A LA

DÉCENTRALISATION ADMINISTRATIVE

(PRIX ODILON BARROT)

PAR

M. LÉON AUCOC

MEMBRE DE L'INSTITUT

PARIS

LIBRAIRIE ALPHONSE PICARD

82, RUE BONAPARTE, 82.

RAPPORT SUR LE CONCOURS RELATIF

A LA DÉCENTRALISATION ADMINISTRATIVE

(PRIX ODILON BARROT).

—

EXTRAIT DU COMPTE-RENDU
De l'Académie des Sciences morales et politiques
(INSTITUT DE FRANCE)
Par M. Ch. VERGÉ,
Sous la direction de M. le Secrétaire perpétuel de l'Académie.

—

RAPPORT

SUR LE CONCOURS RELATIF A LA

DÉCENTRALISATION ADMINISTRATIVE

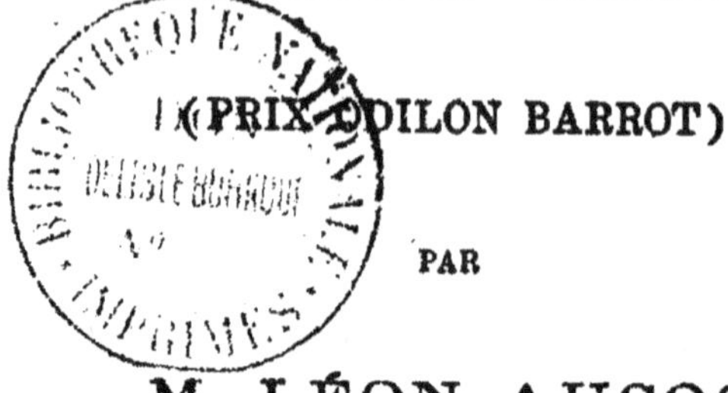

(PRIX ODILON BARROT)

PAR

M. LÉON AUCOC

MEMBRE DE L'INSTITUT

PARIS

LIBRAIRIE ALPHONSE PICARD

82, RUE BONAPARTE, 82.

1883

RAPPORT

SUR LE CONCOURS RELATIF A LA

DÉCENTRALISATION ADMINISTRATIVE

(PRIX ODILON BARROT).

L'Académie avait deux fois mis au concours, en 1868 et en 1871, la question de la décentralisation administrative, en demandant des études sur l'administration locale de l'Angleterre et sur celle de la Belgique.

Elle a ouvert un nouveau concours sur cette question, à un point de vue plus général, pour exécuter une des volontés formellement exprimées par notre regretté confrère, M. Odilon Barrot, dans le testament qui fonde le prix que nous sommes appelés à décerner.

Elle ne pouvait pas espérer que les ouvrages produits à ce concours exposeraient des idées neuves, qu'ils révèleraient des faits historiques importants jusqu'ici inconnus ou négligés, qu'ils mettraient en lumière des doctrines nouvelles sur les avantages et les inconvénients de la centralisation et de la décentralisation, qu'ils apporteraient sur la législation des pays étrangers des renseignements encore ignorés.

Il n'y a pas de sujet qui ait été plus étudié à tous les points de vue que celui de la décentralisation. Depuis la Révolution de 1789, nos assemblées politiques n'ont cessé de discuter l'organisation de l'administration départementale et communale; elles la discutent encore. Le recueil des discours prononcés dans ces débats par les hommes les plus éminents de chaque époque formerait de nombreux volumes. Chaque régime nouveau a fait des remaniements plus ou moins profonds dans la législation antérieure. Tous les débats parlementaires ont été précédés ou suivis d'une foule d'ouvrages dont la forme était aussi variée que le fond, de brochures de circonstance, dont plusieurs méritent de durer, et de travaux approfondis, dont quelques-uns sont célèbres. Après tant de discours, d'études historiques, de traités de philosophie politique, d'ouvrages de doctrine juridique, de recherches sur la législation étrangère, était-il possible de renouveler le sujet?

Nous nous attendions à voir un des concurrents nous donner, dans l'introduction de son mémoire, un tableau de ces écrits, qui aurait fait ressortir les vicissitudes au travers desquelles l'opinion publique s'est peu à peu formée.

Mais ne suffit-il pas de rappeler ici ceux de ces ouvrages qui sont dus à des membres de l'Institut, et qui sont présents à tous les souvenirs, pour montrer combien la matière a été creusée dans toutes les directions? Qui ne nommera avec nous, parmi les travaux historiques, ceux d'Augustin Thierry, de Guizot, de Thiers, le mémoire de M. Mignet sur la *Formation territoriale et politique de la France*, l'*Histoire du droit municipal en France*, de M. Raynouard, le livre de M. Léonce de Lavergne sur les *Assemblées provinciales*, l'*Histoire de Louvois* de M. Camille Rousset, et les travaux de M. Pierre Clément sur Colbert?

Qui ne citera, parmi les ouvrages de philosophie politique qui ont touché à cette question, au premier rang, *la Démocratie en Amérique* de M. de Tocqueville, tant de fois invoquée par les adversaires de la centralisation administrative, avec son autre livre sur l'*Ancien Régime et la Révolution*, puis *les Vues sur le Gouvernement de la France* du duc Victor de Broglie, la *France nouvelle* de Prévost-Paradol, la *Politique libérale* de M. de Rémusat, la *Liberté politique* de M. Jules Simon, le *Parti libéral et son programme* de M. Laboulaye, *l'État et ses limites* du même auteur, en y joignant l'écrit spécial de M. de Barante sur *les Communes et l'aristocratie*, publié en 1829 et celui de M. Odilon Barrot sur la *Centralisation et ses effets*, publié vers la fin du second empire?

Qui ne connaît, parmi les travaux sur le droit administratif, l'ouvrage de M. de Cormenin et sa brillante préface, et ceux de MM. de Gérando, Vivien et Laferrière; parmi les ouvrages de législation étrangère, les *Etudes sur l'Angleterre* de M. Léon Faucher, le travail de M. Maurice Block sur *les Communes et la Liberté* et le livre de M. Leroy-Beaulieu sur l'*Administration locale en France et en Angleterre*, couronné par l'Académie?

A ces différents groupes d'ouvrages, que d'écrits on pourrait rattacher! Il serait trop long de signaler ceux qui exposent l'histoire des institutions administratives de la France, l'Académie n'a d'ailleurs pas oublié les livres de M. Cl. Dareste et de M. Chéruel, couronnés par elle en 1847; il serait trop long de citer les monographies publiées depuis la Restauration, et chaque jour nous en apporte de nouvelles, sur les Etats provinciaux, sur les intendants, sur les assemblées provinciales de la fin du XVIIIe siècle, sur l'organisation municipale. Mais on ne peut omettre, à cause du retentissement qu'ils ont eu en leur temps, l'essai de M. Béchard sur la *Centralisation administrative*, critique passionnée, qui date de 1836, complété par d'autres ouvrages du même auteur; les écrits de M. Raudot, plus hardis encore que ceux de M. Béchard; puis, dans un sens opposé, les travaux de M. Dupont-White sur l'*Individu et l'Etat*, la *Centralisation*, la *Liberté politique considérée dans ses rapports avec l'administration locale*, enfin le manifeste de Nancy, publié en 1865, qui a tant occupé l'opinion et qui a provoqué une foule de brochures.

Il faut y ajouter la collection des rapports sur le projet de loi, en quatre livres, relatif à l'administration intérieure, préparé par le conseil d'Etat en 1849 et 1850, rapports savants, qui sont l'œuvre de MM. Vivien, Vuitry, Tourangin et Boulatignier et qu'on avait réimprimés en 1870 pour servir de base aux travaux de la commission de décentralisation, où nous avons siégé à côté de nombreux partisans du manifeste de Nancy.

On doit signaler encore tous les documents et toutes les notices publiés depuis dix ans dans les *Annuaires* et dans le *Bulletin* de la société de législation comparée, qui a rendu aux hommes d'étude l'immense service de leur fournir un précieux instrument de travail, réservé jusque là à un petit nombre d'élus.

La pensée exprimée par M. Odilon Barrot, dans son testament, paraît être qu'après tant de publications, il manquait encore une étude à la fois très-libérale et pratique sur la décentralisation administrative. En conséquence l'Académie avait appelé les concurrents à traiter la question suivante : « Exposer les traits principaux des différents systèmes d'organisation municipale et départementale en France depuis 1789 et les comparer aux institutions analogues à l'étranger. » Elle ajoutait dans le programme : « Les concurrents devront rechercher quelle a été l'influence de ces systèmes sur le mouvement général de la civilisation et de la sociabilité. L'Académie désire que, pour se conformer aux intentions du fondateur du prix, cette étude de législation comparée conduise les concurrents à l'examen des améliorations dont est susceptible notre organisation communale et départementale, en l'état de nos mœurs, de nos habitudes et des institutions qui nous régissent. »

Quatre mémoires ont été présentés au concours. Nous avons à en rendre compte à l'Académie.

Pour deux d'entre eux notre appréciation sera sommaire.

Le Mémoire n° 2, dont la devise est ainsi conçue : « La

centralisation, qui a créé la France, est occupée à la détruire (de Tocqueville) » contient 171 pages in-folio, mais d'une écriture assez large.

Il présente une analyse exacte, mêlée d'observations justes, de la législation française depuis 1789, dans les 128 premières pages. De la page 129 à la page 152, il résume les législations des pays étrangers. Les conclusions pour la réforme des institutions françaises occupent les vingt dernières pages. Cette simple indication suffit pour montrer que le sujet n'a pas été approfondi. Nous le regrettons, car l'auteur nous paraît instruit, surtout de la législation française, et judicieux dans ses appréciations. Mais un travail aussi abrégé ne peut prétendre à aucune récompense.

Nous écarterons aussi le Mémoire n° 4 qui porte cette devise : « La liberté est une ; elle doit être partout, sous peine de n'être nulle part. » Il est beaucoup plus développé que le précédent ; il renferme 667 pages d'une écriture assez fine. Mais les 400 premières pages ne répondent pas au programme. Elles contiennent une étude de la législation municipale et provinciale en France, depuis l'époque Gallo-Romaine jusqu'à 1789. Il était assurément impossible de ne pas faire allusion au régime antérieur à 1789, en expliquant les réformes réalisées ou tentées par l'assemblée constituante, de ne pas montrer comment l'autorité excessive, accordée aux intendants, avait amené la réaction qui a entraîné l'assemblée à supprimer tout agent du pouvoir central auprès des administrations locales, et de ne pas faire voir comment les souvenirs des États provinciaux et des assemblées provinciales, récemment organisées, avaient inspiré les nouvelles institutions. Mais, en présence du programme tracé par l'Académie et qui avait ses raisons d'être, une étude sur l'ancien régime ne pouvait être qu'une introduction ; dans le Mémoire n° 4, c'est la moitié du travail.

L'étude sur l'organisation de l'administration locale en

France depuis 1789, qui vient ensuite, forme un singulier contraste avec le luxe de détails donné dans la première partie ; c'est le plus souvent la reproduction des textes des lois successivement adoptées, quelquefois l'analyse des exposés de motifs ou des rapports des commissions présentés aux chambres avec des commentaires fort brefs.

Nous arrivons ainsi à la législation des pays étrangers. L'auteur examine successivement le régime des pays slaves, des pays germaniques, des pays anglo-saxons, des pays latins. Ce travail, qui comprend une centaine de pages, est assez étendu ; l'auteur a puisé à de bonnes sources et des plus récentes.

Mais la partie importante de l'étude demandée par l'Académie était l'appréciation des institutions françaises d'après leur comparaison avec les institutions étrangères. Or, c'est en trente pages seulement que le Mémoire n° 4 donne ses conclusions.

Elles se bornent à demander : 1° Que les intérêts de l'État, ceux des départements et des communes soient absolument séparés et que la gestion en soit confiée à des agents différents ; 2° Que les autorités chargées d'exécuter les décisions relatives à la gestion des intérêts locaux soient constituées sous la forme collective, à l'image des administrations provinciales et municipales de beaucoup de pays de l'Europe.

Quant aux avantages et aux inconvénients des institutions qu'il s'agit de détruire ou d'organiser, le Mémoire n° 4 ne les a pas étudiées.

Là encore il n'y a matière à aucune récompense.

Le Mémoire n° 1 répond mieux, par son cadre, au programme tracé par l'Académie. C'est un volume in-4° de 1171 pages portant pour devise : « Ce que j'admire le plus en Amérique, ce ne sont pas les effets administratifs de la décentralisation, ce sont ses effets politiques (Tocqueville). »

L'auteur, après quelques pages consacrées à l'organisation des administrations locales antérieurement à 1789, étudie leur organisation sous les divers régimes politiques qui se sont succédé depuis cette époque, puis il passe en revue les systèmes adoptés dans les autres pays de l'Europe et il les rapproche, point par point, du système français. Il a cru devoir faire un exposé et une comparaison spéciale pour les institutions de l'Angleterre, à raison du caractère propre de ces institutions. Il examine ensuite l'influence de l'organisation locale sur la capacité politique, sur le respect de l'autorité, sur le patriotisme et le dévoûment aux intérêts publics, sur l'harmonie sociale et sur la civilisation. Enfin il propose les réformes qui lui paraissent découler de l'examen des institutions et des principes auquel il vient de se livrer.

Le Mémoire n° 1 est l'œuvre d'un homme qui a beaucoup lu, beaucoup réfléchi, et certains détails familiers sur la pratique de la législation semblent indiquer qu'il a aussi l'expérience des affaires.

Les idées générales de l'auteur sur l'influence de la centralisation et de la décentralisation sont bien celles qu'a si brillamment soutenues M. de Tocqueville et qu'a reprises après lui toute l'école à laquelle se rattachait M. Odilon Barrot.

Les projets de réforme, au sujet desquels l'auteur distingue l'idéal à atteindre dans l'avenir et les mesures qui pourraient être immédiatement mises en pratique, sont présentées généralement avec netteté et précision. Elles s'appliquent au département, au canton, à la commune.

L'auteur demande que le cercle des affaires départementales soit étendu autant que possible, qu'on détache du budget de l'État la plus grande partie des dépenses de l'instruction publique, de l'agriculture, du commerce et des travaux publics pour en charger les conseils locaux; que les départements aient, pour la gestion de leurs intérêts et de leurs finances, des agents spéciaux; que le préfet cesse d'avoir le rôle de pouvoir exécutif pour les affaires départementales et que ce rôle soit attribué à la commission instituée par la loi de 1871, qui siégerait sous la présidence du préfet, en attendant le jour ou le préfet serait exclusivement l'agent de l'Etat et n'aurait plus qu'à contrôler les décisions de cette commission et du conseil général au point de vue de l'observation des lois et règlements.

Il donnerait aussi à la commission départementale le soin de contrôler les délibérations des conseils municipaux, sauf le cas de violation dos lois,

Il réorganise à cette occasion la juridiction administrative et propose qu'un ou deux membres du Conseil de préfecture soient nommés sur la présentation du Conseil général du département, en attendant une réforme plus complète, imitée des institutions prussiennes.

Il crée un centre administratif au canton, pour tenir compte des difficultés qui naissent du nombre très-considérable des petites communes auxquelles manquent les ressources et la capacité des administrateurs.

Il demande que le nombre des membres des conseils municipaux soit augmenté, ou plutôt qu'on fasse revivre l'institution du conseil général de la commune créée en 1790.

Il propose d'enlever au maire son rôle de pouvoir exécutif, de lui donner seulement la situation de président du corps municipal, composé du maire et des adjoints et d'instituer, dans les villes, des commissions, nommées par le conseil municipal, qui seraient chargées, des différentes branches du service sous le contrôle de ce conseil. A ces conditions, il admettrait que, provisoirement, le maire fut nommé par le gouvernement.

Pour le budget communal, il demande qu'il soit accru par des prélèvements sur le budget de l'Etat et il espère qu'un jour on pourra confier à des citoyens actifs, non plus à des fonctionnaires, le soin de percevoir les impôts destinés à payer les dépenses locales.

Ce sont là des idées qui ont été soutenues dans divers

projets de loi ou amendements présentés aux chambres à plusieurs reprises et dans beaucoup de brochures spéciales.

Nous n'avons pas à en discuter le mérite. L'Académie demandait aux concurrents d'indiquer des projets de réforme inspirés par l'étude des législations étrangères, qui leur paraîtraient appropriées à l'état de nos mœurs et de nos institutions actuelles. Il nous suffit que l'étude soit sérieuse pour qu'elle doive être considérée comme répondant au programme du concours. Aussi bien les membres de l'Académie qui ont, à diverses époques, écrit sur ces questions ont professé des opinions fort différentes.

Cependant nous pouvons reprocher à l'auteur de n'avoir pas assez précisé les conditions dans lesquelles on devrait, suivant lui, transporter du budget de l'État au budget des départements et des communes les dépenses des services de l'instruction publique, de l'agriculture, du commerce et des travaux publics. Pour faire apprécier une aussi grosse réforme, un mot ne suffit pas. On peut aussi exprimer le regret qu'il n'ait pas examiné les mesures proposées dans plusieurs projets pour protéger les intérêts contre l'omnipotence du nombre et qu'il n'ait pas abordé le problème de l'organisation spéciale de Paris.

Le Mémoire n° 1 a certainement du mérite, mais il est gâté par des défauts de forme et de fond assez graves.

Le style, ordinairement clair, quelquefois assez ferme, est déparé trop souvent par des négligences, des vulgarités inattendues et qui choquent d'autant plus qu'elles se trouvent parfois à côté de la citation d'un beau passage de la *Démocratie en Amérique*.

L'argumentation est solide, mais elle a les inconvénients d'une solidité excessive. L'auteur insiste trop sur les détails bien connus des vicissitudes de la législation française depuis 1789 et sur ceux de la législation des pays étrangers, en sorte qu'on perd de vue les traits principaux qu'il fallait mettre en relief. Les mêmes institutions sont d'abord exposées dans leur ensemble, puis reprises une à une, appréciées en elles-mêmes et comparées à la législation française. On éprouve une certaine impatience d'arriver au but et le soin que prend l'auteur d'accumuler les faits et les arguments, pour préparer ses conclusions, affaiblit sa démonstration au lieu de la fortifier.

Mais, en outre, et ceci est plus grave, on peut signaler dans l'exposé ou l'appréciation des législations de la France et de l'étranger, des lacunes ou des inexactitudes d'une certaine importance. Ces erreurs et ces lacunes tiennent soit à une préoccupation exclusive, soit à des informations puisées dans des livres qui ne sont pas au courant du dernier état des lois et des faits.

Ainsi, dans sa passion pour la décentralisation, l'auteur en arrive à méconnaître ce qu'il y a eu de bienfaisant dans l'action du pouvoir central sous l'ancien régime. On peut cependant blâmer le despotisme, déplorer ses effets pernicieux, sans contester que les souverains absolus aient quelquefois fait de grandes choses en politique ou en administion. Pour rester sur le terrain de l'administration, l'impartialité n'oblige-t-elle pas à reconnaître qu'ils ont, à certains jours, donné aux intérêts matériels ou moraux une satisfaction que les institutions libres ne leur procuraient pas? Nous n'en citerons qu'un exemple, la création du canal de Languedoc. L'auteur en attribue le mérite à l'administration des Etats de la province. Il oublie que cette grande œuvre a été organisée par un édit de Louis XIV, sur la demande de Riquet, qui avait soumis ses plans à Colbert; qu'elle a été exécutée sous la direction immédiate et incessante du grand ministre; que les Etats de Languedoc avaient d'abord refusé tout concours à l'entreprise, malgré les efforts de l'intendant et que, si leurs subventions ont fini par s'élever à 5 millions de livres, sur 17 millions, leur concours n'a pas été proportionné aux avantages que la province devait retirer d'une pareille voie de communication.

La grande publication de M. Pierre Clément sur les lettres
et instructions de Colbert fournit une nouvelle preuve de
ces faits bien connus.

L'auteur n'a pas non plus rendu justice aux efforts faits
par le gouvernement de Louis XVI pour organiser les assemblées provinciales.

N'est-ce pas aussi une sorte de parti pris qui l'entraîne à
nier les modifications assez profondes introduites depuis
une trentaine d'années dans la législation anglaise?

Il y a des points dans la réforme des institutions judi-
ciaires que l'auteur parait ignorer. Il félicite l'Angleterre
de posséder le *Self-Government* complet, y compris la justice rendue par le pays lui-même, au civil comme au crimi-
nel, presque sans magistrats et sans ministère public. On
peut s'étonner qu'il ne soit pas informé de la tendance très-
prononcée des justiciables anglais à opter, dans les affaires
civiles, pour le jugement par les magistrats, sans le concours du jury, et qu'il ne signale pas la création d'un
directeur des poursuites publiques réalisée, après de longs
débats, par la loi du 3 juillet 1879.

Pour les réformes dans les institutions administratives,
l'auteur les connaît et il les décrit exactement, mais il ne
veut pas consentir à leur donner leur véritable caractère.
Toutes ces lois qui ont remanié le service de l'assistance
publique et qui ont peu à peu abouti à la création du bu-
reau du gouvernement local *(board of local government)*,
investi d'un droit de contrôle et de contrainte à l'égard des
administrations instituées dans les paroisses, les unions de
paroisses et les bourgs, les mesures analogues prises pour
l'emploi de diverses taxes établies comme la taxe des
pauvres, puis pour le service de l'état civil, de l'hygiène
publique, des écoles élémentaires, ne sont, aux yeux de
l'auteur du mémoire n° 1, que des actes de centralisation
politique. C'est jouer sur les mots et nier l'évidence même;
aucun des admirateurs les plus ardents des anciennes

institutions anglaises ne s'y est trompé. Sans doute, il y a loin de la centralisation administrative, telle qu'elle se produit en Angleterre, à celle qui se pratique en France. Mais il n'est pas contestable que désormais l'État intervient, en Angleterre, dans les différents services publics confiés aux autorités locales, non-seulement pour réprimer leurs écarts, mais pour remédier à leur négligence et pour les pousser au progrès, et cette tendance s'accentue tous les jours.

L'auteur, dans ses considérations générales, condamne absolument l'influence exercée par l'État pour améliorer les institutions destinées à satisfaire les besoins collectifs des citoyens. Si sa doctrine est juste, il faut reconnaître que l'Angleterre est coupable dans une certaine mesure. Pour nous, il nous paraît que cette atteinte aux principes du *self government* est excusable et même justifiée.

En réalité, la limite entre les pouvoirs normaux des autorités locales et de l'autorité centrale en matière administrative est très difficile à fixer en théorie. Elle peut varier suivant les époques, et suivant l'état de la civilisation; elle peut varier suivant le prix que les populations attachent à donner à toutes les parties d'un vaste territoire, des satisfactions à peu près égales, par le fonctionnement des services publics.

Sans doute la gestion des intérêts locaux est une excellente école pour les citoyens d'un pays libre ; mais il y a des moments où une nation souffre en voyant que cette école se fait au détriment du public. Alors le législateur intervien, il pose des règles générales et il institue des autorités nouvelles au centre du pays pour assurer l'exécution de ces règles. Les moyens d'exécution varient suivant les cas, suivant les traditions du pays; mais le fond est le même.

Voilà pourquoi la législation de l'Angleterre, sur les attributions du pouvoir central, s'est modifiée sensiblement depuis trente ans, au moment même où la législation américaine et la législation de la Suisse se modifiaient dans le même sens pour les rapports des États avec l'autorité fédérale. Aussi est-il nécessaire, quand on veut juger l'état des choses dans ces pays, de recourir aux documents et aux textes en suivant leurs changements presque journaliers, au lieu de s'en rapporter aux livres même les plus autorisés.

Enfin, et sans insister sur d'autres appréciations inexactes ou visiblement exagérées qu'on pourrait relever dans le mémoire n° 1, arrêtons-nous aux dernières pages. L'auteur veut y montrer par un exemple saisissant que « ce qui est impossible à l'immense pouvoir central est facilement exécuté par les petits pouvoirs locaux (nous citons textuellement) ; qu'en toutes choses, le régime bureaucratique est condamné à l'erreur ou à la routine et au piétinement sur place. » Il n'a fait que montrer combien sa confiance dans les administrations locales est sans mesure.

Il croit en effet avoir trouvé la solution du problème de la péréquation de l'impôt foncier et des autres impôts de répartition, qui jusqu'ici aurait été, selon lui, au-dessus des forces de l'administration centrale des contributions directes. Il donne en exemple le travail accompli en quelques mois, grâce au zèle de la municipalité d'une commune des environs de Paris. Toutes les évaluations ont été revisées et désormais, dans la commune, l'impôt est réparti proportionnellement à la valeur des propriétés. Que toutes les autorités locales imitent cet exemple et les difficultés devant lesquelles on s'arrête depuis tant d'années auront disparu. Il y a là une singulière illusion. Ce n'est pas le lieu d'aborder la question de la péréquation de l'impôt en elle-même ; mais nous ne connaissons pas de travail qui demande plus d'unité et d'esprit de suite dans l'application. Quelles garanties pourrait donner un travail effectué par les autorités locales seules, quand il s'agit d'attribuer à chaque département, à chaque arrondissement, à chaque commune une part exactement proportionnelle du total de l'impôt à établir sur tout le territoire. Il est essentiel que les mêmes bases d'évaluation soient appliquées partout. Et qui peut garantir cette application uniforme des règles et empêcher les écarts des autorités locales dont le concours est nécessaire, sinon une administration centrale? L'exemple est donc mal choisi et il est loin de produire l'effet qu'en attendait l'auteur.

L'Académie voit quels défauts se mêlent aux qualités que nous avons signalées dans le mémoire n° 1. Elle comprendra que, tout en rendant justice à la somme considérable de travail que ce mémoire représente, la section ne propose pas de lui accorder d'autre récompense qu'une mention honorable.

Le mémoire n° 3, qui a pour devise *Prodesse,* se présente avec une physionomie toute différente.

Il est moins étendu que le précédent. Il ne compte que 400 pages in-4°; mais il ne contient rien d'inutile. L'auteur n'a signalé que les traits principaux des institutions françaises et étrangères. Les observations tiennent dans cette étude beaucoup plus de place que les faits. Elle est bien composée; elle se lit avec intérêt. Le style est toujours soigné, soutenu, bien approprié au sujet et les bonnes citations s'y trouvent en bonne compagnie.

Quant au fond, l'auteur, dans ses projets de réforme, cherche à donner satisfaction aux différents besoins de la société et ne se laisse pas entraîner par une préoccupation exclusive, bien qu'il ne manque pas de hardiesse. Il ne se borne pas à demander des pouvoirs étendus pour les administrations locales. Il étudie en même temps avec soin les garanties qui pourraient protéger les intérêts locaux contre une mauvaise gestion, et celles qui pourraient protéger les intérêts généraux et empêcher l'affaiblissement du pouvoir central dans l'exercice de ses attributions nécessaires. Il consacre un chapitre spécial à l'organisation de la ville de Paris, et il cherche à concilier les principes libéraux avec les mesures que réclame la sécurité du gouvernement de la France.

L'auteur ne prépare pas lentement sa démonstration. Dès les premières lignes de son écrit, il montre l'idéal auquel il veut conduire ses lecteurs. Séparer les intérêts généraux des intérêts locaux, laisser aux administrateurs des intérêts locaux une grande latitude dans leur sphère, cela est bien ; on arrive ainsi à décharger l'État de responsabilités considérables sous lesquelles il doit succomber tôt ou tard. Mais ce n'est pas suffisant ; il faut faire concourir le plus grand nombre possible de citoyens à la gestion des affaires locales, et non seulement à la délibération, mais à l'exécution quotidienne des mesures administratives. On réussira, par là, à éclairer les citoyens, à unir les personnes et les classes, à favoriser la paix sociale et à développer la vie publique.

L'exposé qu'il présente de nos institutions administratives depuis 1789, avec une courte introduction sur les origines et le développement de la centralisation sous l'ancien régime, est saillant, mais rapide.

Le mémoire signale très sobrement les faits et les lois, et s'applique surtout à en étudier les causes, la portée et les effets. Il nous semble qu'il a poussé un peu loin la sobriété à cet égard, qu'il aurait mieux fait d'indiquer, avec quelques détails, les progrès successifs accomplis dans le sens même de ses opinions par les lois du gouvernement de Juillet, du second Empire et du gouvernement actuel. S'il n'a pas plus insisté sur ces différents points, c'est sans doute qu'il les suppose connus ; c'est aussi que ces nuances, dans l'atténuation de la centralisation administrative, sont, pour lui, peu de chose en face de l'idéal qu'il tend à réaliser. Mais le programme lui demandait davantage, et l'histoire des modifications de l'opinion publique et de la législation méritait d'être plus développée.

Peut-être, aussi, pensera-t-on qu'il a attribué trop d'influence à nos institutions départementales et communales sur les révolutions qui, depuis 1789, sont venues si souvent modifier la constitution politique du pays. La rapidité de ces événements si fréquents a d'autres causes auxquelles il faut faire leur part. Mais, tout en discutant son opinion, on ne pourra contester que ses appréciations soient généralement équitables, judicieuses et inspirées par des sentiments élevés.

Son premier coup d'œil sur les institutions administratives à l'étranger est aussi rapide. A notre centralisation à peine atténuée, il oppose la décentralisation pratiquée, avec des nuances diverses, en Angleterre, en Amérique, en Prusse, en Suisse, en Belgique, en Italie, en Autriche, en Hongrie, en Hollande et en Russie. Il ne fait ressortir que les grandes lignes et l'esprit des institutions. On pourrait encore exprimer quelques regrets sur la brièveté des indications données relativement à quelques-unes des institutions étrangères, spécialement aux institutions anglaises et au mouvement de centralisation dont nous avons fait ressortir l'importance.

Mais quand l'auteur aborde les procédés de gestion à l'étranger, leurs effets moraux et sociaux, il pénètre dans les détails et il s'applique à montrer comment les systèmes adoptés en France et à l'étranger impriment aux esprits et aux mœurs des directions absolument opposées.

C'est là qu'il insiste sur l'utilité des combinaisons qui appellent le plus grand nombre possible de citoyens à participer à la gestion des intérêts locaux, au lieu de concentrer le pouvoir d'administrer dans les mains d'un nombre très restreint de personnes. Il retrouve partout la même idée, pratiquée sous des formes et dans une mesure différentes, et partout il voit la condamnation de nos traditions.

C'est là aussi qu'il combat, par une série de comparaisons, l'organisation du pouvoir exécutif local constitué sous la forme unitaire, tandis que toutes les autres nations confient le droit de décision à des autorités collectives.

Il signale encore diverses mesures adoptées dans les législations étrangères pour donner de l'animation à la vie locale, le renouvellement fréquent des pouvoirs de la commune et de la province, la publicité des séances des assemblées, et le droit pour les assemblées de se réunir quand elle le jugent nécessaire.

Mais s'il approuve sur ces divers points les solutions admises dans les pays étrangers, il met en relief, d'autre part, une série de mesures qui forment, dans beaucoup de pays, une sorte de contre-poids et qui assurent la bonne gestion des intérêts locaux et le respect des intérêts généraux. Il expose et discute, à cette occasion, d'abord les lois électorales qui font une part à la représentation des intérêts, des capacités, des minorités ; — puis les mesures prises pour séparer la police générale de la police municipale et lui constituer des agents spéciaux ; — les règles relatives à la nomination aux emplois publics ; — les combinaisons qui remédient au morcellement des communes rurales ; — l'intervention active des autorités locales dans la surveillance de l'instruction primaire.

C'est ainsi que l'auteur justifie par avance ses conclusions. Il y consacre cependant encore des développements considérables.

Il s'applique d'abord à examiner les conditions dans lesquelles doivent se réaliser les réformes pour ne pas amener des désordres par le brusque passage d'un extrême à l'autre, et pour ne pas affaiblir l'autorité de l'État dans la sphère qui lui appartient nécessairement. Il conteste, à ce point de vue, la sagesse de certaines mesures prises dans les lois de 1871, de 1876 et de 1882 sur les conseils généraux et sur la nomination des maires.

Il entre alors dans le détail des réformes proposées et il en fait ressortir les avantages. Ces réformes sont très analogues à celles que proposait le mémoire n° 1 ; il est inutile de les répéter. Ce qu'il importe de dire ici, puisque nous n'avons pas à les discuter au fond, c'est la précision, la netteté avec lesquelles sont indiquées ce que le mémoire appelle les rectifications nécessaires, le soin avec lequel elles sont justifiées.

Il faut dire aussi que l'auteur du mémoire n° 3 a quelques idées qui lui sont propres. Pour la séparation de la police générale et de la police locale, il s'inspire principalement des idées pratiquées en Italie. Il présente un système d'organisation municipale de la ville de Paris qui s'écarte notablement et du système actuel et des propositions faites au nom des partisans de l'autonomie communale. Dans cette combinaison, le préfet de la Seine et le préfet de police cesseraient de participer à la gestion des affaires de la ville ; ils n'auraient plus qu'à la contrôler. Mais la police relèverait directement du gouvernement et ses dépenses seraient portées au budget de l'État. Le département de la Seine aurait un conseil général distinct, la ville de Paris aurait autant de conseils municipaux qu'il y a d'arrondissements, et les intérêts communs seraient administrés par un conseil central composé de vingt délégués des municipalités d'arrondissement et d'un nombre égal de délégués du gouvernement, sous la présidence du préfet de la Seine. Ces réformes devraient d'ailleurs être complétées par l'application des autres mesures que l'auteur a proposées pour toutes les communes, en vue d'y faire l'éducation des citoyens.

C'est par ce projet fort étudié, dont nous n'examinerons pas les chances de succès, que se termine le mémoire.

L'auteur a condensé l'esprit de son travail dans le titre et dans les derniers mots.

Le titre est ainsi conçu : « Les pays libres, leur organisation et leur éducation d'après la législation comparée. »

Les derniers mots sont empruntés à un écrit récent d'un ancien gouverneur de l'État de New-York, M. Horatio Seymour, qui a été candidat à la présidence de la République des États-Unis :

« S'il arrive que la flèche élancée d'un temple s'écarte de la verticale, ce n'est point au sommet, mais à la base de l'édifice qu'on devra chercher la cause de cette inclinaison.... Dieu, dans sa bonté, ne tolère pas qu'une nation reste heureuse et prospère, lorsque ses citoyens sont indifférents ou corrompus.... Le vrai remède aux maux que peuvent produire le système électif et la liberté, c'est l'énergique effort de chacun sur soi et autour de soi.... »

La section, sans méconnaître que de graves controverses peuvent s'élever sur les idées exposées dans le mémoire n° 3, estime que ce mémoire a une valeur réelle. Elle aurait souhaité, nous l'avons indiqué, que la partie historique fût traitée avec plus de développements et pour la France et pour l'étranger. Mais, à part cette lacune qu'il sera facile à l'auteur de combler, la question des réformes, qui était le principal objet du travail, est traitée d'une manière distinguée. Le mémoire paraît répondre au vœu exprimé par le fondateur du prix.

La section propose de décerner le prix au mémoire n° 3, et d'accorder une mention honorable au mémoire n° 1.

Orléans — Imp. Paul Colas.

www.ingramcontent.com/pod-product-compliance
Lightning Source LLC
Chambersburg PA
CBHW061715050726
47598CB00004B/1847